Körper in Räumen

ETH Zürich, Professur Gion A. Caminada (Hrsg.)

Franziska Wittmann

Körper in Räumen

Quart Verlag

Körper in Räumen

Autorin: Franziska Wittmann
Herausgeber:
Professur Gion A. Caminada,
ETH Zürich Departement Architektur
Grafisches Konzept: Franziska Wittmann
Grafische Umsetzung: Franziska Wittmann /
Quart Verlag, Linus Wirz
Textlektorat: Miriam Seifert-Waibel, Hamburg
Lithos: Printeria, Luzern
Druck: Printer Trento S.R.L., Trient

ISBN 978-3-03761-210-1

Ebenfalls publiziert in Englisch / This book is also
published in English (ISBN 978-3-03761-212-5)

Quart Verlag GmbH
Denkmalstrasse 2, CH-6006 Luzern
books@quart.ch, www.quart.ch

Der Quart Verlag wird vom Bundesamt für
Kultur mit einem Strukturbeitrag für die Jahre
2016–2020 unterstützt.

Vorwort

Es gibt Momente, in denen wir von einem Ort ergriffen werden. Die Kräfte eines Objekts oder eines Ereignisses hüllen uns ein. Hermann Schmitz formuliert diese Zustände als Zusammenhang zwischen Leib, Raum und Gefühlen.

Ich erinnere mich an einen Zustand einer solchen räumlichen Ergriffenheit in meiner Kindheit – beim Wildheuen. Wildheuen findet über 2000 Meter Seehöhe statt. In dieser Höhe gab es selten gebaute Unterkünfte, um das trockene Heu vor Wind und Wetter zu schützen. Wir mussten *meidas* bauen. *Meida* ist die romanische Bezeichnung für grosse Heustöcke im Freien. Die *meidas* waren kreisförmig und hatten einen Durchmesser von 6 bis 8 Meter und waren ungefähr 6 Meter hoch. Oftmals schliefen wir – weil der Weg nach Hause zu weit war – auf oder in der *meida*.

Bereits das Hinaufsteigen über eine Leiter verlangte einiges an Geschicklichkeit. Es war ein Balanceakt zwischen Mensch und Materie. In der *meida* angekommen, umhüllte uns das weiche Heu. Dieses Eingebettetsein war wohltuend und behütend. Der Geruch von Blüten und Kräutern, das Spüren des eigenen Atems und die gefühlt gleiche Temperatur von Körper und Heu führten zu einer starken Empfindung des Eins-Seins. Und das durch die Heuschicht durchschimmernde Licht des Mondes hatte etwas Transzendentes, etwas von einer Verbindung zu dem für uns Unerklärbaren.

Die prägendsten Gefühle waren, wenn ein Gewitter aufkam und wir uns mit einer Plane schützen mussten. Die Kräfte der Natur waren spürbar nahe. Nicht selten glaubten wir launischen Kräften ausgesetzt zu sein. Dieses Gegenüber war sehr lebendig, selten bedrohlich. Wir hatten für die *meida* einen Ort gewählt, der vor möglichen Erdrutschen und vor Wind und Wetter geschützt war. Zudem war die *meida* in ihrer Form standfest. Diese Vorkehrungen schafften Vertrauen.

Das Gefühl in diesen Momenten des Erlebens von Elementarkräften könnte man dem Begriff des Erhabenen zuordnen. Erhabenheit wird besonders dann erlebt, wenn die Natur rebelliert und wir von den Gefahren dennoch nicht bedrängt werden. Die Distanzen zwischen Freund und Feind scheinen in diesem Gefühlsmoment aufgehoben.

Meinen Erlebnissen mit der *meida* können weitere Naturerfahrungen hinzugefügt werden – der trommelnde Regen auf einem nackten Blechdach oder ein Sturm, der an einer geschützten Felswand vorbeizieht. In diesen Momenten befinden wir uns in nächster Nähe und im Austausch mit der Lebendigkeit der Natur.

Die Natur ist von Wiederholungen und Gesetzmässigkeiten geprägt. Schwer absehbare Veränderungen und Einmaligkeiten kommen hinzu. Den Begriff des Launischen auf die Natur anzuwenden ist dennoch nicht üblich. Bruno Latour weist darauf hin, dass die Trennung zwischen natürlichen Tatsachen und moralischen Urteilen nie wirklich realisierbar war. Diese Erkenntnis kann uns dazu ermuntern, der Natur auch Launenhaftes zu unterstellen. Wir lassen uns auf das Spiel ein, auf ein ernsthaftes Spiel, das in einem Verhältnis zum menschlichen Leben steht.

Was können wir erwarten? Die daraus folgende Beziehung zur Natur liesse uns einerseits unsere eigene Natur wiedererkennen und anderseits ermöglichte sie das Entdecken und Entfalten einer breiten Palette an Möglichkeiten für unser Tun. Unser eigenes Vermögen, unsere Eigenschaften und diejenigen eines Gegenübers berühren sich gegenseitig, aktiv von beiden Seiten. Diese Umwandlung der Beziehung zwischen Menschen und Dingen, das Offensein für das Sich-berühren-Lassen ermöglicht weitere Erfahrungen.

Die Lebendigkeit der Natur anzuerkennen, ist nicht ein Rückzug in eine vorlogische Zeit, kein esoterisches Verlangen, keine animistische Vorstellung; auch nicht die Idealisierung des Ästhetischen. Der Ansatz zielt auf eine Direktheit im Umgang mit der Natur. In diesem dialektischen Verhältnis von Realismus und Idealismus werden Dissonanzen und Konflikte nicht ausgeschlossen. Sie auszutragen, führt zu intensiven Partnerschaften. Und sie schaffen Raum für eine Architektur der Nähe – zwischen Mensch und Mensch und zwischen Mensch und Ding.

Franziska Wittmann zeigt in ihrem Band *Körper in Räumen* Resonanzwirkungen zwischen menschlichen Körpern und deren Umgebung. Ihr Ziel sind Orte, die für Menschen ein stützender Rahmen sind und die das Gegenüber der Dinge beachten und wertschätzen. Ein Bewusstsein dafür können wir durch leiblich-sinnliche Erfahrungen in Räumen erreichen.

Gion A. Caminada, September 2019

Einleitung

Wir atmen Raumluft und nehmen dabei Gerüche wahr, tauschen Wärme mit der Umgebung. Wir berühren Böden, Wände, Möbel. Wir sehen und hören in Räumen. Wir befinden uns in Grössenverhältnissen zu architektonischen Strukturen, ruhig oder bewegt. Wir wohnen im Rhythmus von Tag und Nacht. Und Architektur schützt unsere Körper.

Architektur ist auf vielen Ebenen wirksam. Anschliessend an den Band *Leistungen der Architektur*, der physikalische Phänomene vor einem Umgang mit Energie in Räumen zeigt, möchte das vorliegende Buch die Wirkungen dieser Zustände auf den Menschen greifbar machen. Mensch und Architektur befinden sich in Beziehungen. Menschliche Körper mit ihrer Physiologie und ihrer sinnlichen Wahrnehmung stehen im Zentrum der Betrachtung. Ich möchte ein Bewusstsein schaffen für körperliche und sinnliche Phänomene in Räumen, die im Wohnen immer, gleichzeitig und in Zusammenhängen wirken. Körper sind mit ihrer Umgebung in ständigem Austausch, kleinste Energiedifferenzen führen zu einer Resonanzwirkung.

Ein kalter Handlauf entzieht mir Körperwärme, direktes Licht kann blenden, der Geruch hölzerner Wände umhüllt, ich brauche mein ganzes Gewicht um ein schweres Tor zu öffenen oder nur eine Armbewegung für eine leichte Schiebetür, Schritte hallen auf Marmorböden wider, Stimmen unter Gewölben ...

Architektur bringt Empfindungen mit sich. In einer resonanten Umgebung spüren wir mehr von und bewusster uns selbst. In der Berührung einer Wand – rau oder glatt verputzt, aus weichem Textil oder hartem Stein – spüren wir auch unsere Hände. Räumliche Empfindungen fügen sich zu einer komplexen, beziehungsreichen Erfahrung in und von Architektur. Gärten, Bäder, Keller, Kirchen oder Konzertsäle bringen deutlich spürbare Reize mit sich. Abgerundete Kanten, Lichtreflexionen auf porösen Steinen oder ein fein gestreuter Nachhall auf Reliefs machen subtile Phänomene wahrnehmbar. Grössere wie feinste Impulse lassen uns mitschwingen in einer Atmosphäre, die mehr ist als eine Behaglichkeit, welche gleichmässig eher ermüdet als trägt.

Diese Sammlung von physiologischen Gesetzlichkeiten, architektonischen Konsequenzen, Beispielen und Zitaten zeigt räumliche Momente, in denen sich Körper und Architektur in bewussten Zusammenhängen befinden. Es sollen Möglichkeiten für das Entwerfen wie auch im Bewohnen sichtbar werden. Das Buch möchte Sensibilitäten Raum geben und von Räumen träumen lassen, die uns tragen und einbeziehen, die uns berühren und die wir lieben.

Atmen

Luft an einem Ort

Der Luftdruck nimmt mit der Höhe über Meer ab und ist abhängig von Wetter und Temperatur.

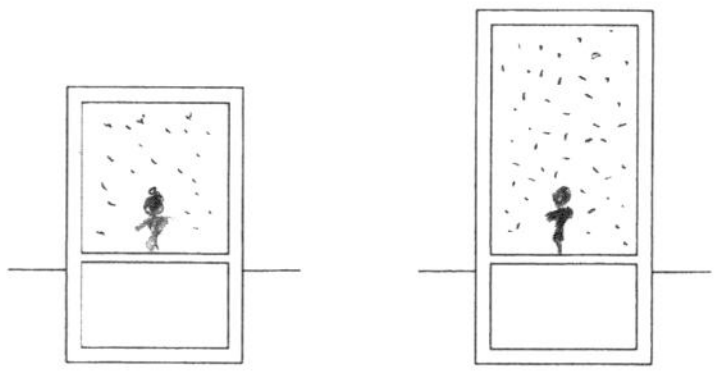

Luft in Raumgrössen

Grössere Raumvolumen enthalten mehr Luft.

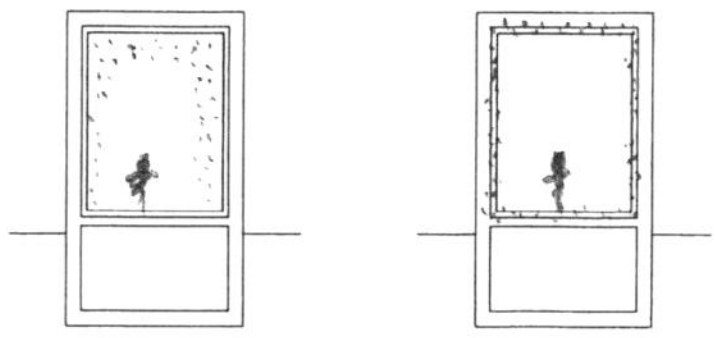

Luft und Materialien

Materialien geben Duftstoffe an den Raum ab und nehmen abhängig von ihren Eigenschaften mehr oder weniger Gerüche aus dem Raum auf.

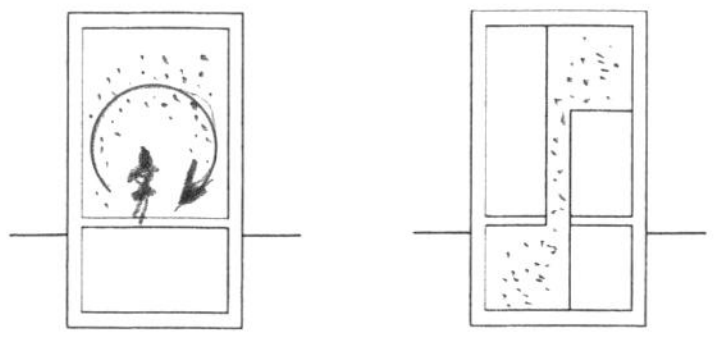

Bewegte Luft

Zirkulation kühlt die Haut und verwirbelt Staub, der in den Atemwegen als Lufttrockenheit empfunden wird. Raumwege – besonders vertikale Erschliessungen – tragen Gerüche zu angrenzenden Räumen weiter.

Öffnen und Schliessen

Öffnen der Fenster ermöglicht einen Luftwechsel – die Anreicherung der Innenraumluft mit Sauerstoff und ein Abziehen von Gerüchen. Die Qualität der Raumluft hängt von der Qualität der Aussenluft ab.

Atmen tauscht Luft zwischen Körper und Raum. Luft strömt durch Mund oder Nase in den Körper, und gelangt gereinigt, feucht und gewärmt in die Lunge, durch deren Membran Sauerstoff in die Blutgefässe übertritt. Ausatmen entfeuchtet die Lunge und Kohlenstoffdioxid wird abgegeben. Atmen lässt Düfte wahrnehmen. Gerüche werden mit dem Einatmen in die obere Nasenhöhle und über die Riechschleimhaut von Chemorezeptoren an das Gehirn geleitet. Düfte wirken auf Gefühle, Nerven-, Hormon- und Immunsystem. Mit der Dauer eines Geruchs ermüdet die Geruchswahrnehmung. Gerüche bleiben – mehr als andere Sinneseindrücke – in Erinnerung.

Alvar Aalto, Sanatorium Paimio, Finnland, 1933. [Abb. 3]

Das Sanatorium Paimio liegt im Wald. Luft und Licht – blendfrei im Liegen in den Räumen und sonnig auf den Balkonen und Terrassen – sollen das Gesund-Werden im Haus unterstützen.

Alvar Aalto, Studio, Helsinki, Finnland, 1955. [Abb. 4]

Die federnden Stühle aus Aaltos Sanatorium Paimio sind nach hinten geneigt, um das Atmen zu erleichtern.
In diesem hohen, dynamischen Raum in seinem Studio in Helsinki bewegt sich Luft aus dem Garten durch Fenster auf verschiedenen Höhen kommend hindurch in anschliessende Räume.

Sauerstoff und Raumhöhe.

«Vorausgegangene Untersuchungen haben gezeigt, dass die CO_2-Konzentration nicht gleichmässig im Raum zunimmt. Sie verhält sich vielmehr wie warme Luft und sammelt sich hauptsächlich in Deckennähe.» Junghans, in: Eberle/Aicher, S. 51

Duftender Lindenhof im Frühsommer, Zürich, Schweiz. [Abb. 5]

«Städte haben einen eigenen Geruch, der durch die geographische Lage, durch das Klima, durch die Lebensweise in ihnen geprägt ist: die Lage am Meer, an einer Lagune, im Hochgebirge, in der Wüste.» Frank, in: Spatial Expeditions, S. 44

Ereignis.

Ereignisse – einzeln oder wiederkehrend – prägen den Geruch in Räumen, in Küchen oder Werkstätten zum Beispiel. Die Gerüche können uns in Beziehung setzen zum Raum, aber auch zur Tageszeit, zu einem Wochentag oder zu Festen.

P. Zumthor, Schweizer Pavillon, Expo Hannover, 2000.

«Der Schweizer Pavillon, ein Dufterereignis, das man in Erinnerung behält, weil Düfte, in Verbindung mit einem Ort unbewusst aufgenommen, sehr lange in der Erinnerung haften bleiben.» Blaser, S. 9

«Die Stapelwände bestehen aus massivem, unbehandeltem Holz der Lärche oder Douglas-Föhre. Es ist in offen sichtbaren Konstruktionen zusammengefügt.
Die biologische Masse riecht (Duft), schwindet unter der Einwirkung der Witterung oder quillt [...].» Hönig, S. 105

Theophil von Hansen, Grosser Saal des Wiener Musikvereins, Wien, Österreich, 1870. [Abb. 1]

Die Akustik entsteht aus der Musik, dem Raum – den Materialien in ihrer Form – und den Besuchern. Der Raum bringt auch seinen Geruch mit sich. «Im Grossen Saal dominiert noch heute der Geruch von Rosenholz und Palisander.» Metzger, S. 41

Gion A. Caminada, Terrihütte, Greina, Schweiz, 2007. [Abb. 2]

Das Fenster am Kopfende lässt Luft in die Ebene liegender Körper in den Raum fliessen.

Ruhe.

«Wünschenswert sind Gerüche vor allem dann, wenn ein Ruhebedürfnis vorhanden ist. Die Umgebung des Hauses und des Schlafgemachs verlangt [...] nach der Nähe duftender Pflanzen mit wohlriechenden Blüten oder Blättern [...].» Corbin, S. 112

Von Temperaturen umgeben

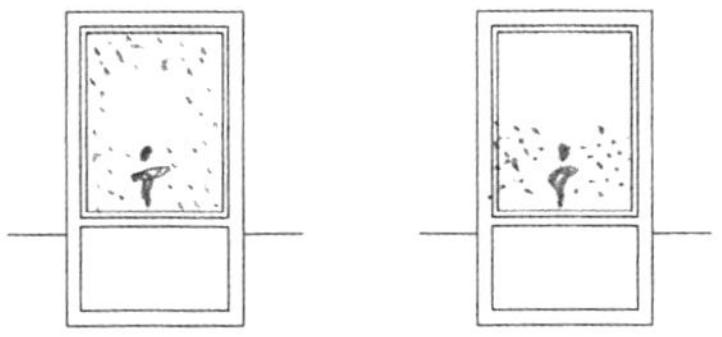

Körper im Strahlungsaustausch

Alle Oberflächen – Haut und Flächen im Raum – stehen im Strahlungsaustausch. Warme Oberflächen senden Wärme, kalte Flächen entziehen Wärme. Wärmestrahlen wärmen unabhängig von der Lufttemperatur und ohne Luftbewegung.

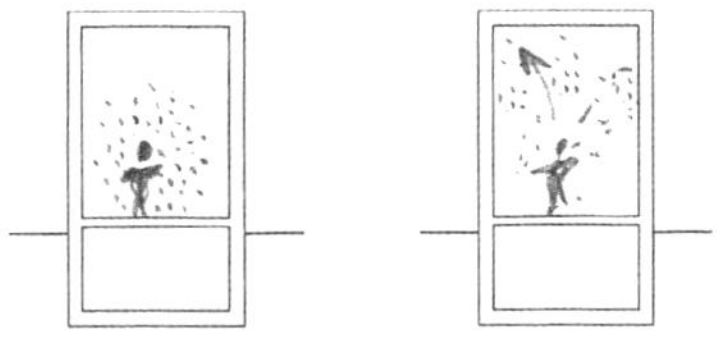

Warme Luft und kühlende Luftbewegung

Warme Luft wärmt, ein Luftstrom über der Haut entzieht dem Körper Feuchtigkeit und kühlt.

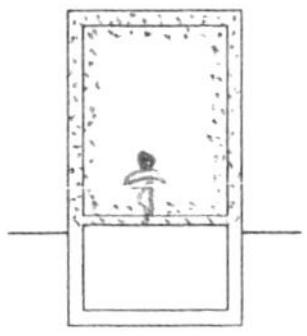

Räumliche Wärme

Warme Böden, Wände oder Decken umhüllen den Körper mit ihrer Temperatur. Eine Wärmequelle an einem spezifischen Ort schafft Wärmehierarchien innerhalb eines Raumes. Räume mit verschiedenen Temperaturen lassen Wahlmöglichkeiten.

Aussenräume

Balkone sind abhängig ihrer Orientierung zur Sonne, ihrer Position in oder vor der Fassade und abhängig von Form und Material der Brüstung wärmende oder kühlende Orte.

Über die Haut werden Temperaturen wahrgenommen – durch Berührung eines Materials, als vorbeistreichende Luft oder als Wärmestrahlung. Die Thermorezeptoren der Haut bewirken zusammen mit thermosensitiven Nervenzellen im Gehirn die Wärmeregulation. Bewegte Luft und höhere Feuchte lassen höhere Temperaturen akzeptieren. Kleinere Erwärmungen oder Abkühlungen führen nur vorübergehend zu einer Warm- oder Kaltempfindung, danach ist die Empfindung neutral, der Reiz wurde adaptiert. Gleichmässig warme Temperaturen lassen körperlich ermüden, Temperaturänderungen aktivieren.

Kohler und Partner, Sanierung einer Wohnung in Bern, Schweiz, 2004. [Abb. 8]

«Die starke Strahlungswärme eines Schmiedefeuers kann sogar im Sommer auszuhalten sein, während eine Warmluftheizung selbst bei winterlicher Kälte nicht sonderlich angenehm ist.» Day, S. 53 «Mit der Wandposition des Kamins wird die ältere Sozialfigur des Liegens oder Hockens um eine zentrale Feuerstelle durch den Entwurf eines Sitzens vor dem Feuer abgelöst.» Selle, S. 96
Diese Sitznische vor dem Kamin hat versucht, der Wärme einen eigenen Raum zu geben.

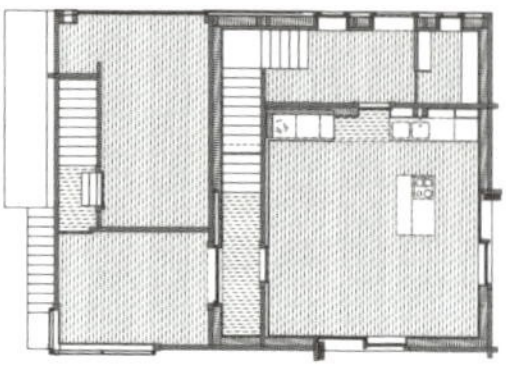

Gion A. Caminada, Haus Segmüller, Vignogn, Schweiz, 2001. [Abb. 10]

«Das Innere ist so angelegt, dass sich kalte und warme Räume ablösen. Ähnlich wie bei traditionellen Bauernhäusern führt der Weg zum nächsten Wohnraum über das ungeheizte Treppenhaus.»
Sonderegger, S. 17

Valerio Olgiati, Haus K+N, Wollerau, Schweiz, 2005. [Abb. 9]

Das Erdgeschoss kann nach vier Seiten geöffnet werden. Senkfenster verschwinden im Boden. Der Raum wird zum Pavillon im Garten und er erzeugt flache Blicke nach draussen – auf drei Seiten in die Nähe der unmittelbaren Umgebung, auf einer Seite in die Weite über den Zürichsee.

Wind.

«Das helle Bimmeln der kleinen Windglocke im traditionellen japanischen Garten etwa ruft die erfrischende Wirkung eines Windhauchs auf der Haut hervor, noch bevor wir diesen direkt zu spüren vermögen.»
Schütz, in: Gantenbein/Rodewald, S. 64

Peter Zumthor, Haus Luzi, Jenaz, Schweiz, 2002.

«In einem aus massiven Holzbalken gebauten Haus zu wohnen, hat eine besondere Qualität, die man atmosphärisch und körperlich erlebt. Im Gegensatz zu Stein oder Beton ziehen kalte Holzbalken vom menschlichen Körper keine Wärme ab und fühlen sich deshalb auch in der Kälte eher warm an. Umgekehrt, wenn es warm oder heiss ist, strahlen die Holzbalken keine zuvor gespeicherte Wärme ab, wie das Stein oder Metall tun würden, und wirken deshalb eher kühlend.»

Zumthor/Durisch (Hrsg.), Band 2, S. 133

B. Hoffmann, C. Kahleyss, Leya Wingback Chair, für Freifrau, 2014. [Abb. 6]

Ohrensessel sind eine Schale für den Körper, sie lassen den Kopf anlehnen und schützen den kälteempfindlichen Nacken vor Luftzug und Strahlungskälte.

Sonniger Balkon und Schatten im Garten. [Abb. 7]

«Sie spürte die Morgenluft kühl an den Augenlidern und den Wangen. In den Ribiselsträuchern am Zaun leuchtete die Sonne, der Rest des Gartens lag noch im Schatten. Fanny hielt die warme Kaffeetasse mit beiden Händen und ging zwischen den Beeten hindurch.» Freudenthaler, S. 67

Berührungen

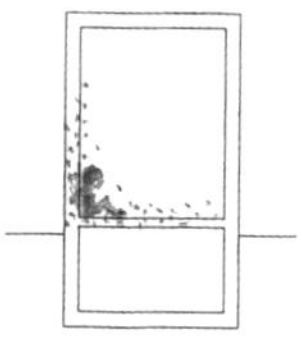

Materialien leiten Körperwärme

Schwere, glatte Materialien leiten mehr Wärme als leichte, poröse Materialien.

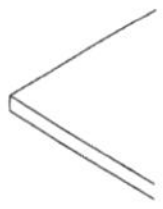

Druck der Formen

Kanten und Ecken werden als Druck oder Schmerz spürbar. Die Oberflächen von Materialien sind glatt oder rau, von spezifischer Textur, Starrheit oder Elastizität, Viskosität und Konsistenz.

Dinge haben ein Gewicht

Das Tragen von Dingen macht deren Gewicht spürbar.

Die Haut – die flächig und durchlässig ist – spürt Berührungen, Vibrationen, Temperaturen, Druck und Schmerz. Die Thermo- und Schmerzrezeptoren reagieren sehr schnell, die haptische und taktile Wahrnehmung benötigt mehr Zeit. Die aktive, haptische Reizschwelle ist viel feiner als die passive, taktile Wahrnehmung. Die sensibelsten Körperstellen sind Lippen, Fingerspitzen und Fingernägel. Ergänzende Informationen fliessen über Muskeln und Gelenke – in Bewegung und in Beziehung zur Schwerkraft.

Alvar Aalto, Villa Mairea, Noormarkku, Finnland, 1937. [Abb. 13]

Die mit Ratan umwickelten Abschnitte der Säulen sind weniger hart und kalt. Harter Boden und weiche Teppiche wechseln sich ab. «Schwere können wir über unsere Fusssohlen wahrnehmen und messen, sie versorgen uns mit Informationen über die Dichte und Struktur des Untergrunds, auf dem wir gerade stehen.» Pallasmaa, S. 76

Hans J. Wegner, Papa Bear Chair, für A.P.Stolen, 1951.

«Die Armlehnen sind frei von der Sitzfläche, sodass man sich leicht auf dem Sitz drehen kann. Die Bärenpfoten mit Klauen aus Holzstücken dienen nicht nur dazu, den Bezug nicht zu beschmutzen, wenn man sich beim Aufstehen mit den Händen daraub abstützt, sie sollen auch den Rand des Bezugs verbergen.» Holmsted Olesen, S. 208

Tragen. [Abb. 16]

Stühle mit Zwischenleiste kann man mit einer Hand tragen. Je tiefer die Leiste umso leichter.

Klemens Grund, Küchentisch, 2017. [Abb. 14]

Rundungen lassen die Ecken der Tischplatte mit den Händen und die Tischbeine mit den Füssen berühren.

M. Lipparini, Basket, für Bonaldo, 2013. [Abb. 15]

Das Bett erlaubt im Sitzen sich anzulehnen und schützt dabei wie ein Ohrensessel Kopf und Nacken und gibt räumlich ein Gefühl von Sicherheit.

Den Boden berühren.

«Unter ihm, im Chor, werfen sich die Gläubigen auf zahllosen Teppichen nieder. Sie knien, berühren den Boden mit der Stirn [...].» Énard, S. 37

«Man hört auch mit dem Knie, man hört auch mit den Fusssohlen. Orientalische Teppiche erfreuen nicht nur das Auge durch die Lebendigkeit der Ornamentik, ihnen kommt auch eine wichtige raum- wie körperakustische Funktion zu – was eins sein sollte. Die Teppiche werden barfuss betreten. Über die Fusssohlen dringt Ruhe in den Körper. Man hört mit dem ganzen Körper.»

Conrads/Leitner, S. 29

Alvar Aalto, Villa Mairea, Noormarkku, Finnland, 1937. [Abb. 11]

«Der Türgriff ist der Händedruck eines Gebäudes.» Pallasmaa, S. 80

Emanuel de Witte, Interieur mit Frau am Klavier, 1665/70. [Abb. 12]

«Die Zimmer bilden eine lineare Flucht, ohne dass dadurch der Eindruck bedrohlicher Tiefe entstünde. [...] Das Bett steht in einer Zimmerecke hinter der Tür; der Teppich liegt vor dem Bett, damit die nackten Füsse des Aufstehenden nicht auf den kalten Steinboden zu stehen kommen. [...] Tisch und Stühle stehen direkt am Fenster, wo es am hellsten ist. Und welch ein Licht durchflutet die Räume! Die Verteilung von Licht und Schatten betont die Tiefe, verdeutlicht die Entfernung und unterstreicht die physische, materielle Realität des Raums.» Rybczynski, S. 75 f.

Sehen von Flächen im Licht

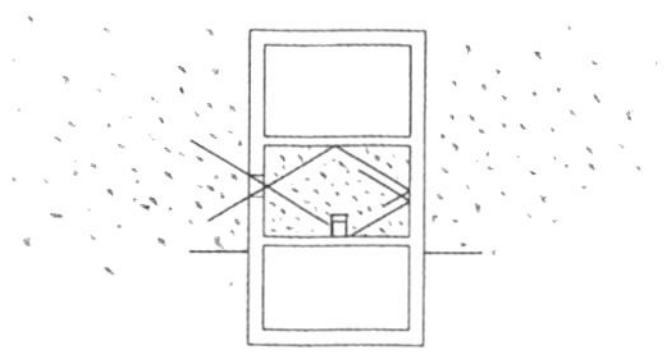

Helligkeiten und Farben

Direktes und reflektiertes Licht erzeugen die Helligkeit und die Farbigkeit im Raum. Zu grosse Helligkeiten und zu grosse Kontraste von Flächenhelligkeiten blenden. Dinge werden horizontal auf Augenhöhe oder von oben gesehen.

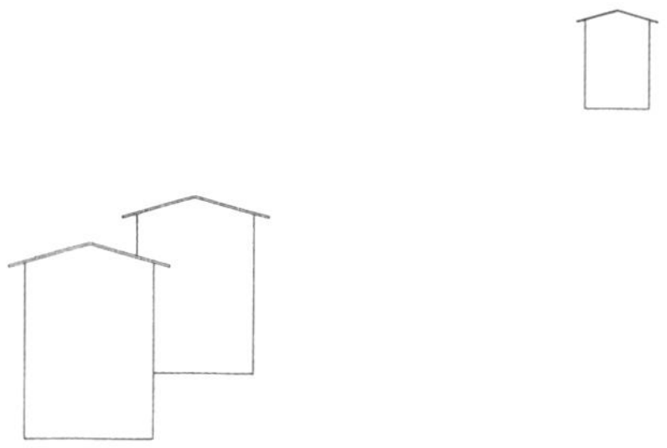

Distanzen und Perspektive

Sehen misst – innerhalb des Horizonts – Entfernungen. Die Perspektive lässt ferne Dinge kleiner und heller erscheinen als nahe. Bei trockener Luft scheint Fernes näher. Vordere Dinge verdecken hintere.

Optische Wahrnehmung

Dunkles wirkt kleiner als Helles.
Helles neben Dunklem lässt das Dunkle noch dunkler erscheinen.

Details

Blicke fliessen und springen und halten an Details an.

Erreicht Licht das Auge, wird es von Ganglienzellen verarbeitet. Die Informationen werden über die Sehnervenbahnen zum Gehirn weitergeleitet, wo eine optische Wahrnehmung entsteht. Das Auge versucht Flächen als zusammengehörige Elemente wahrzunehmen. Augen, Kopf und Körper sind beweglich und ermöglichen Abfolgen von Bildern. Physiologisch betrachtet sehen wir Farben und Helligkeiten. Die Helladaption geschieht sehr viel schneller als die Dunkeladaption.

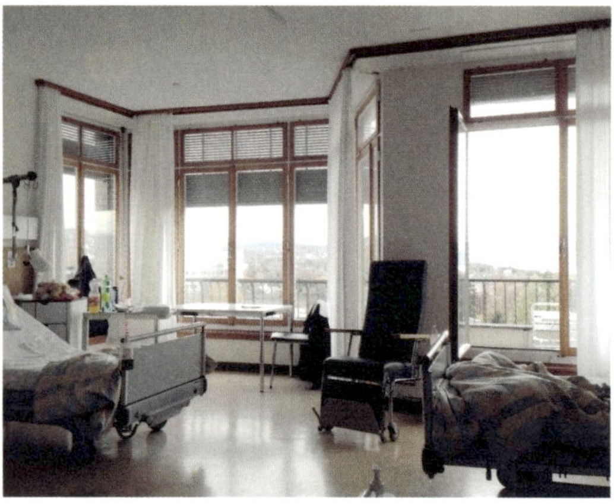

Haefeli Moser Steiger, Universitätsspital Zürich, Schweiz, 1953. [Abb. 19]

Die räumliche Fassade schafft Orte mit Licht von drei Seiten und Aussichten nach drei Richtungen. Der Raum öffnet sich und zugleich ist man durch die Höhe der Fensterbrüstung gehalten. Man kann hinaustreten und man kann die Fenster öffnen – tätig sein im Bewohnen und sich zwischen innen und aussen bewegen. Räumliches geht ineinander über, ohne das Gefühl einer Umhüllung zu verlieren. Licht spiegelt sich am Boden, die Decke bleibt matt und blendet nicht im Liegen.

L. Sullivan, Bayard Building, New York, USA, 1899. [Abb. 22]

Detailierungen geben dem Auge aus verschiedenen Entfernungen eine ähnliche Dichte an Informationen.

RCR Architectes, Leichtathletikstadion, Olot, Spanien, ab 1991. [Abb. 20,21]

Die Laufbahn sucht die Farbe der Umgebung. Die Topographie ermöglicht Sitzplätze, die aus gerundeten Betonelementen gebildet werden. Läufer erscheinen und verschwinden hinter Hügeln und Bäumen.

Wald.

Kühle, Gerüche, Geräusche, Bewegungen und grünes Halbdunkel machen den Wald zu einem Ort körperlicher Regeneration. «Die Dinge sind hierbei in ihren Formen durchaus deutlich erkennbar; es ist vielmehr die Behinderung des Blicks durch die Dinge selbst, durch die Baumstämme und Sträucher, durch die Zweige und Blätter, die den Menschen in einen engen Bereich, fast wie in eine Art von Innenraum, einschliessen.» Bollnow, S. 175

Distanzen sehen.

«Bei drei oder vier Geschossen [...] kann [man] auf der Strasse Details sehen – Menschen, deren Gesichter, das Laub, Geschäfte.» «Das Gesicht einer Person ist bei 20 m Entfernung gerade noch erkennbar [...]» Alexander, S. 124 / S. 334

Raumdecke.

Bemalte Raumdecken (in Eingängen) evozieren, stehenzubleiben und Kopf und Blick zu heben.

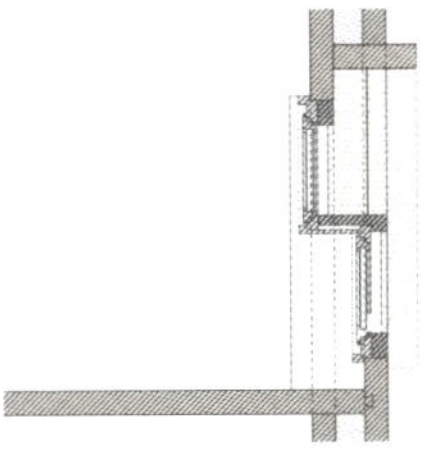

Gion A. Caminada, Stiva da morts, Vrin, Schweiz, 2002. [Abb. 17]

Die tiefen Fensterlaibungen ermöglichen ein sich Zeigen oder Verbergen in spezifischen Perspektiven.

Luis Barragan, Haus Barbara Meyer, Mexiko-Stadt, 1981. [Abb. 18]

Das Raster zwischen innen und aussen lässt aus dem Dunkeln ins Helle sehen – tags von innen nach aussen.

Olafur Eliasson, Your colour memory, 2004.

«In einem zeitlichen Abstand von 30 Sekunden wechselt eine Primärfarbe zur nächsten und bildet nach 15 Sekunden die jeweilige Mischfarbe Gelb, Cyan und Magenta. In der subjektiven Farbwahrnehmung erscheinen jeweils mit einer Zeitverzögerung von 10-15 Sekunden Nachbilder in den Komplementärfarben, die nach weiteren 10-15 Sekunden verschwinden. Auf diese Weise verändert sich die Farbwahrnehmung laufend bis sie aufgrund der Komplexität mehr und mehr verblasst. In einem dunklen Nebenraum, den die Besucher vom Oval aus betreten können, ist nichts zu sehen ausser den Nachbildern, die die Rezipienten aus dem Hauptraum mitbringen. Die Betrachter sind nicht nur die Rezipienten, sondern auch die Erzeuger der Lichtphänomene.» Frank, S. 149

Hosokawa Katsumoto, Zen-Garten Hojo-Teien, Japan, 15.Jh.

In einer Kiesfläche liegen Steine in Gruppen. Von keinem Ort ist das Ganze, sind alle Steine sichtbar. «Wenn man ausserhalb des Gartens, den man nicht betreten kann, an einer bestimmten Stelle sitzt, wird man Teil einer vorgestellten Ellipse, die durch die Anordnung der Steine vorgegeben ist. Ich werde Teil des Ganzen; der Garten, wie er dort liegt, ist also ein Fragment; erst durch mich als Betrachter an einer bestimmten Stelle wird der Garten vollständig. Dies heisst auch, dass es bestimmte Betrachtgunspunkte gibt, bei denen man sich also nicht zugehörig fühlt, bei denen der Garten ein Fragment bleibt.» Pöppel, S. 200 ff.

Farben.

«Wenn Menschen längere Zeit blauem Licht ausgesetzt sind, verändert sich ihr Blutdruck. Der Pulsschlag wird langsamer, der Blutzuckerspiegel sinkt, weil Blaulicht die Bauchspeicheldrüse beeinflusst. [...] Farben wirken, nicht nur das Blau und nicht nur über die Augen. Sie sind schwingende, fliessende, lebendige Energie, genau nachmessbare physikalische Grössen.» Wansch, S. 236

Hören in Formen und Materialien

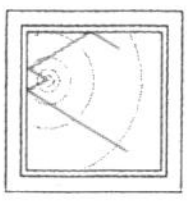

Raumklang

Schall breitet sich in alle Richtungen aus, reflektiert an Oberflächen – an Materialien und ihren Konstruktionen – und umgibt uns aus allen Richtungen als Raumklang. Wir nehmen Ort und Distanz der Schallquelle wahr, Klang und Intensität.

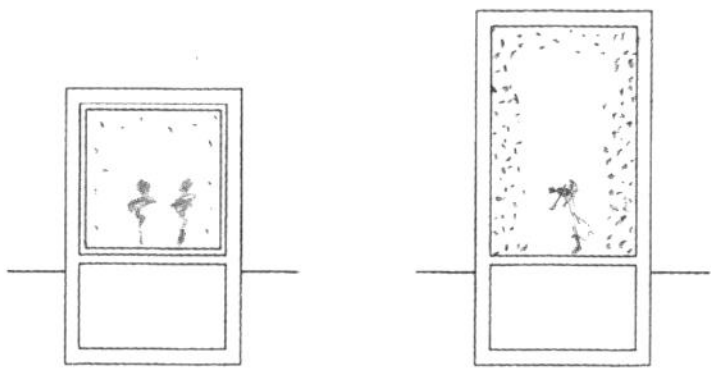

Töne durch Sprache und Musik

Die zeitliche Differenz zwischen Direktschall und Nachhall erzeugt den Klang im Raum. Sprache ist in Räumen mit kurzer Nachhallzeit verständlicher. Musik entwickelt in Räumen eine spezifische Akustik – klangvoller mit längeren Nachhallzeiten.

Geräusche und Lärm

Je lauter Umgebungen, umso wichtiger ist die Schalldämmung von Räumen.

Bei der Wahrnehmung von Klängen wird der Körper durch Schwingungen gereizt. Nicht nur die Ohren nehmen Klänge wahr, der ganze Körper spürt Klänge als Vibrationen in unterschiedlicher Intensität – Brust und Bauch mehr als Arme und Beine. Die Ohren können eine Schallquelle verorten, vor allem durch die Verrechnung der unterschiedlichen Informationen beider Ohren. Das Gehör reagiert empfindlicher auf Reflexionen aus seitlicher, als aus frontaler oder vertikaler Richtung. Die Richtung des ersten Schallsignals – Direktschall oder erste Reflexion – wird als Schallquelle vermutet.

Herzog & de Meuron, Entwurf für einen Brunnen am Marktplatz Basel, Schweiz, 1985. [Abb. 25]

«Herzog & de Meuron schlagen einen lanzettförmigen Einschnitt in die mittlere Rosette vor und überdecken ihn mit einem Gitterrost. Ein doppelwandiger Klangkörper führt von ihm wie ein Ohr zum Birsigkanal hinunter und macht das Rauschen des Flusses hörbar.»

Mack, S. 25

Schritte auf Material. [Abb. 26]

Laub lässt Schritte hören.

Plätze.

«[...] und bei typischen städtischen Lärmverhältnissen kann eine laute Stimme über 20 m gerade noch gehört werden. Das kann bedeuten, dass Menschen sich auf Plätzen mit 20 m Durchmesser oder weniger miteinander verbunden fühlen.»

Alexander, S. 334 f.

Klänge von Körpern in Räumen.

«Schon das Höhen-Gefühl in Räumen ist schwer in Worte zu fassen. [...] Wozu auch wechselnde Raumhöhen? [...] Hier müssen wir nun aber sagen: man sehe nicht nur hin, man höre auch hin: die wechselnden Höhen ‹sprechen› nämlich. Die Macht der Akustik liegt im Einfinden eines Menschen in den Klang des Raumes, in die Zeit eines Raumes. Dabei ist es der Mensch selbst, der den Raum zum Klingen bringen muss – durch Schritte, Worte, durch geräuscherzeugendes Handeln, durch sein Atmen. Diese Verknüpfung von Mensch und Raum, die, da durch Töne hergestellt, bis tief in das Innerste des Menschen reicht, ist wie eine Art Dialog, für den die akustischen Prämissen bestimmend sind. Dieser Dialog führt zur Selbsterfahrung im Klang des Raumes.»

Conrads/Leitner, S. 29

Höhen.

«Vom zweiten Stock kann man hinunterschreien und jemand auf sich aufmerksam machen. Oberhalb von vier Geschossen brechen diese Verbindungen ab.» Alexander, S. 124

Herzog & de Meuron, Elbphilharmonie Hamburg, Deutschland, 2016. [Abb. 23]

Die Musik breitet sich nach allen Richtungen aus, Applaus kommt von allen Seiten zurück.

Peter Zumthor, Schweizer Pavillon, Expo Hannover, Deutschland, 2000.

«Die Inszenierung bezieht auch die Klänge und Geräusche der Bars mit ein. Dazu gehören klingende Gläser, klappernde Teller und die Zischgeräusche der Kaffeemaschine. Die Kassen zirpen elektronisch, der Kaffeekolben knallt auf den Satzbehälter und der Deckel der Abwaschmaschine rastet ein. Dazu singt das Blatt der Aufschnittmaschine, Kühlschubladen und Türen rumpeln beim Schliessen und das Mahlwerk der Kaffeemühle dröhnt. Das Telefon klingelt, Tabletts schleifen auf ihren Halterungen, der Wasserhahn rauscht und das Kleingeld klingelt in der Kasse. [...] Den Pavillon bespielen während der gesamten Dauer der Ausstellung insgesamt annähernd 350 Musiker. Sie bringen den Resonanzkörper nach einem Konzept des Komponisten Daniel Ott zum Klingen. Doch nicht nur die komponierten und improvisierten Klänge, sondern auch die Alltagsgeräusche vom Pavillon sind Teil der lebendigen Klanginstallation, Teil der Aufführung.» Hönig, S. 131

Romero Schaefle Architekten, Vogt Landschaftsarchitekten, Hotel Greulich, Zürich, Schweiz, 2003. [Abb. 24]

Stadt, Menschen und Birken erzeugen die Klänge im Innenhof. «Den Schritten hört man den akustischen Reichtum des Ortes an: zuerst hören wir den Holzsteg, dann eine kurze Strecke auf Kies, ein paar Eisentritte und dann den langsam abklingenden Nachhall aus dem Giebel des Glasdaches. [...] Das Wäldchen und der glasüberdeckte Hof bilden eine Stadtarena mit drei ineinanderliegenden, optimal aufeinanderabgestimmten Raumfolgen. Der zentrale Glaskörper dient sowohl als Resonator wie auch als Reflektor. Verschieden hoch abgestufte Dachkanten und zahlreiche Balkone artikulieren den Nachhall im gesamten Klangraum. Vier Hofeinfahrten wirken als Klanglinsen zur äusseren Stadt.» Bürgin/Maag, in: Stadtklang, S. 72

Körper und Grössen

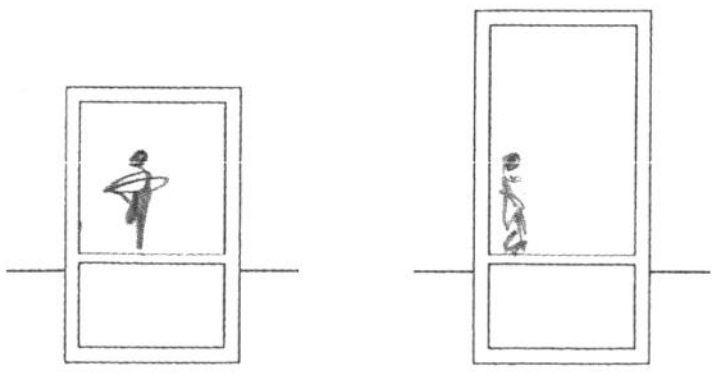

Proportionen

Mensch und Raum stehen zueinander in Beziehung – auch abhängig von Grössen und Geometrien, die aus der eigenen Position im Raum – in der Mitte oder am Rand – wahrgenommen werden.

Raumgrössen

In kleinen Räumen ist das Material nahe, präsent und wirkt unmittelbar auf den Körper. In grossen Volumen sind Wände vom Körper entfernt.

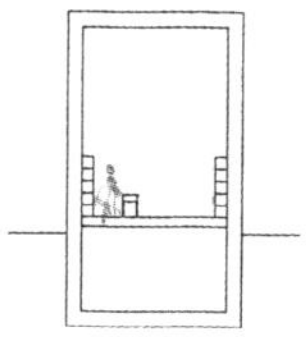

Körper und Dinge im Raum

Liegend, sitzend, kniend, stehend und in Bewegung nehmen Menschen zwischen Wänden und Möbeln Raum ein. Dinge sind in Reichweite oder entfernt.

Propriorezeption ist die Wahrnehmung des eigenen Körpers – seiner Grösse, der Beziehung einzelner Körperteile zueinander und seiner Lage und Bewegung im Raum. Die Körpergrösse eines Menschen bezeichnet die Grösse stehend von der Fusssohle bis zum Scheitel. Die Spannweite der Arme von Mittelfinger zu Mittelfinger kommt der Körpergrösse nahe.

Tatamimatte.

Mit ihrer Proportion von 1:2 lassen Tatamimatten verschiedene Kombinationen zu. Eine Matte an sich hat die Grösse eines Schlafplatzes.

Schreibtisch.

Mit dem Rücken zu einem Regal sitzend kann man vom Schreibtisch aus «auf etwas zurückgreifen».

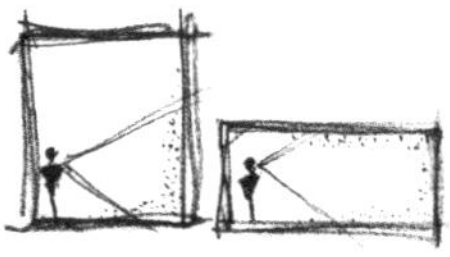

Ruhebild und Raumhöhe. [Abb. 30]

In einem hohen Raum liegen zunächst die Wände im Sichtfeld. In einem niedrigen Raum ist im Ruhebild die Decke sichtbar. Ein hoher Raum lässt in der Bewegung von Kopf und Augen die Decke sehen.

Elle und Fuss.

«Der Mensch schafft Ordnung durch das Messen. Um zu messen nahm er seinen Schritt, seinen Ellenbogen oder seinen Finger zu Hilfe. Indem er mit Hilfe seines Fusses oder Armes eine Ordnung setzte, schuf er einen Massstab, der bestimmend für das ganze Werk wurde.» Le Corbusier, S. 64

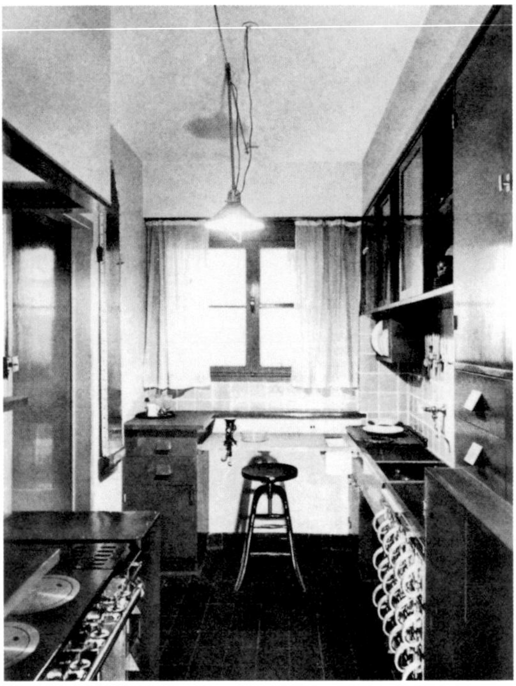

Frankfurter Küche. [Abb. 29]

«Der Umraum rückt dem Körperraum dicht auf den Leib, die Hand wird zum wichtigsten Orientierungsorgan, der Körper sitzt auf einem Arbeitsstuhl mit Rollen oder steht fast still in der rationalisierten, minimalen Bewegung. Entsprechend muss die Raumwahrnehmung auf die einer Kapsel schrumpfen; mit der Subtraktion an Raum verringert sich der Aufwand an Orientierungsleistungen.» Selle, S. 66

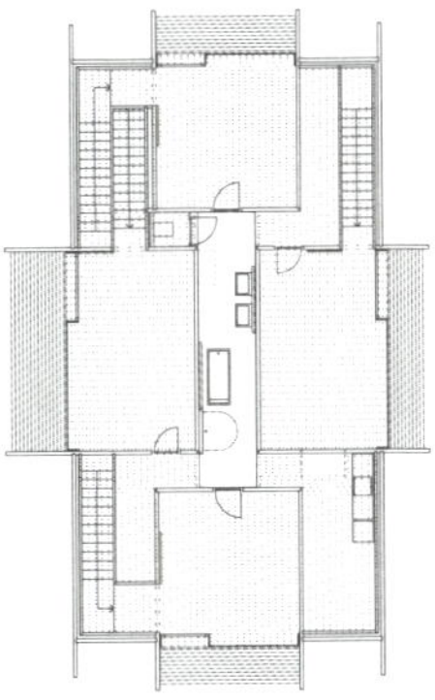

Peter Zumthor, Haus Luzi, Jenaz, Schweiz, 2002. [Abb. 27]

Der Weg aus dem Schlafzimmer ins Treppenhaus ist breiter – um einen menschlichen Körper liegend hinaustragen zu können.

St. Peter Mistail, Alvaschein, Schweiz, um 800. [Abb. 28]

Raum, Menschen und die gemalte, fast raumhohe Figur stehen in Beziehungen aus Grössenverhältnissen.

Grössen.

«Es geht dabei um ein Urthema der Architektur: um das Verhältnis von mathematischer Präzision einerseits und körperlicher Präsenz, menschlichem Empfinden und natürlicher Unvollkommenheit andererseits. Proportionen als die richtigen Massverhältnisse bilden ein System in und für sich. Es braucht eine besondere Anstrengung, um diese Idealität in Bezug zu uns zu bringen. Wichtig scheint insbesondere Rücksicht auf unsere Körperlichkeit zu nehmen. Unsere Wahrnehmung beschränkt sich nicht auf das frontal Sehen von statischen Fernbildern. Und selbst da wirkt für uns ein liegendes Rechteck ganz anders als ein stehendes mit derselben Proportion, nicht zu reden von einem schrägen. Dazu kommt, dass sich unsere Augenhöhe nur in sehr beschränktem Umfang verändern lässt, dass die Spanne unserer Arme limitiert ist und wir bloss das ergreifen können, was in unsere Hände passt. Auch Grössen sind wichtig, nicht bloss Grössenverhältnisse.» Tschanz, in Gerber/Joanelly/Franck, S. 37 f.

Türen und Gänge.

Durch eine schmale Türe gelangt man einzeln und nacheinander, durch breitere Türen nebeneinander, durch niedrige gebeugt – kommt eine hohe Schwelle hinzu, wird die Tür als Loch wahrgenommen, das hindurchzuklettern erfordert und ein Anstossen sogar eher verhindert. Wie Türen lassen Gänge abhängig von ihrer Breite mehr oder weniger Menschen nebeneinander hindurch.

Im Gleichgewicht

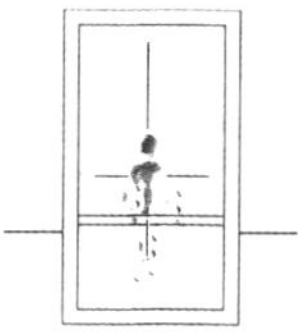

Lot und Richtungen

Teil der Orientierung im Raum ist die Wahrnehmung der Wirksamkeit der Schwerkraft. Oben und unten, vorne und hinten, rechts und links werden als Richtungen relativ zum Körper wahrgenommen.

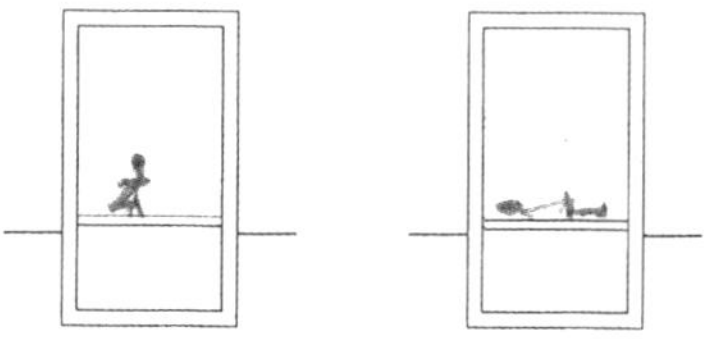

Stehen und Liegen

Vertikal im Raum zu sein, lässt einen anderen Raum wahrnehmen, als sich horizontal im Raum zu befinden.

Der Gleichgewichtssinn setzt sich aus mehreren Sinnen zusammen – der Wahrnehmung von Gravitation und Beschleunigung, von Orientierung und Neigungen, sowie dem Tastsinn und der Tiefensensibilität. Die Wahrnehmung der Gravitation hat ihr Zentrum im Gleichgewichtsorgan von Innenohr und Kleinhirn. Die Informationen der verschiedenen Systeme werden miteinander verknüpft und an die Arm- und Beinmuskulatur weitergeleitet.

Mittagslicht in Mistail, Alvaschein, Schweiz, um 800. [Abb. 32]

«Wir alle kennen den Sakralraum, in dem wir ganz von selbst die adäquate Haltung annehmen, auch wenn wir in die liturgische Bedeutung der Bauformen nicht eingeweiht sind. Und wir alle kennen die beeindruckend repräsentativen Räume, in denen wir gleichwohl ganz locker bleiben [...].» Franck/Franck, S. 190

Symmetrie.

«Symmetrien sind etwas, worauf wir intuitiv und ausgesprochen empfindlich reagieren. [...] Der Sinn für Balance ist allen Sinnen gemeinsam. Er verbindet im besonderen die Modalitäten der äusseren Wahrnehmung mit denen der Selbstwahrnehmung des Körpers. Das aufrechte Dastehen und die balancierte Fortbewegung sind eine dynamische Um- und Fortsetzung des symmetrischen Körperbaus.» Franck/Franck, S. 220

Möbel zwischen Körper und Boden.

Hocker mit drei oder eng stehenden Beinen kippen durch Gewicht des Körpers wahrscheinlicher als Hocker mit vier oder weit stehenden Beinen. Tische mit drei Füssen wackeln auf unebener Fläche nie. Vier Füsse benötigen einen sehr präzise ebenen Boden.

Gravitation.

«Der Kopf so schwer. [...] Fanny wollte ihren Kopf auf die Tischplatte fallen lassen, auf die Stirn. Der Kopf würde dann weiter umfallen, auf eine Seite, auf eine Wange. Fanny würde mit dem Kopf auf der Tischplatte liegen und sich nicht mehr rühren. Unter dem Tisch würden die Arme hängen. [...] Jedesmal, wenn sie einen dieser Momente erlebte, glaubte Fanny, jetzt würde sie wirklich den Kopf und den Oberkörper auf den Tisch fallen lassen. Diesmal würde sie nicht sitzen bleiben können.» Freudenthaler, S. 22

Körper im geometrischen Raum.

«Die Wahrnehmung eines äusseren Raumes mit seinen Dimensionen der Vertikalen, der Horizontalen und der Entfernung (als dritter Dimension) ist wesentlich verbunden mit der Art der tatsächlichen Körperhaltung und ihrer Gleichgewichtssituation.» Gibson, S. 101

Liegen, Sitzen, Stehen in Räumen.

«Der im Bett liegende Mensch hat ein anderes Verhältnis zum Raum, oder besser, er hat einen anderen Raum als der sich aufrecht bewegende.» Bollnow, S. 138 Sitzend befindet sich vor allem die Körperrückseite in Berührungen. «Das Stehen ist keine Position, die, einmal eingenommen, über längere Zeit beibehalten werden kann, sondern ein immer neu zu erwerbender und aktiv zu haltender gefährdeter Gleichgewichtszustand zwischen Gravitation und Standhalten sowie zwischen Leib und Welt.» Eickhoff, S. 127

Gion A. Caminada, Tierparkturm, Goldau, Schweiz, 2017. [Abb. 31]

Die schräg zum Boden montierten Bretter lassen Streiflicht im Inneren reflektieren und irritieren das Gleichgewicht.

In Bewegung

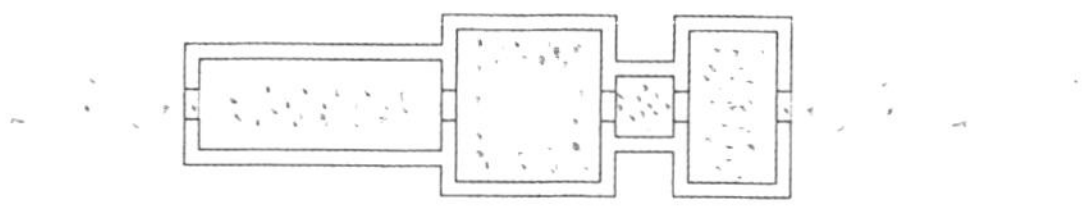

Enge und Weite

In der Bewegung durch Räume wird deren Grösse und Form und in ihrer Abfolge eine Sequenz aus Enge und Weite spürbar.

Treppen und Rampen

Treppen und Rampen verbinden Höhen – langsamer oder schneller, abhängig von ihrer Steigung. Podeste verlangsamen. Auf einer Treppe wird nach den ersten Schritten das Mass als Wiederholung angenommen. Innerhalb eines Treppenlaufs ist eine kleinste Änderung des Steigungsverhältnisses spürbar.

Türen und Fenster öffnen.

Eine sich nach aussen öffnende Tür verlangt beim Ankommen einen Schritt zurück. Durch eine Tür, die sich nach innen öffnet, gelangt man mit dem Körpergewicht, durch ein Sich-Anlehnen. Ein schweres Tor braucht das ganze Gewicht des Körpers, eine leichte Schiebetüre nur eine Armbewegung.

Fenster nach aussen zu öffnen, erfordert ein Hinauslehnen, das Öffnen nach innen einen Schritt zurück – rückwärts seitlich bei einflügeligen Fenstern, rückwärts mittig bei zweiflügeligen Fenstern.

Die Bewegungsempfindung basiert auf Rezeptoren in Gelenken, Muskeln und Sehnen. Ein Muskel bewegt den Körper durch Kontraktion und Entspannung. Bewegungen unterscheiden sich in Kraft, Schnelligkeit und Präszision. Abhängig davon wird mehr oder weniger körperliche Anstrengung und Energie benötigt. Die Schwerkraft, die Kraft der Muskeln und die Fliehkraft erzeugen eine Bewegung.

Grafton, University Campus UTEC Lima, Peru, 2015. [Abb. 35]

Das Haus möchte eine gebaute Topographie sein, offen zur Stadt und mit ihr über eine Rampe verbunden. Die Bewegung durch das Haus vermittelt eine grosse Freiheit. Die breiten Erschliessungen lassen Spazieren, Schlendern, Wandern, Stehenbleiben und Gespräche auf dem Weg zu.

Wege im Wohnen.

«Ein Zimmer, das mit ein oder zwei Schritten durchquert werden kann, vermittelt ein Erlebnis, das gänzlich verschieden von jenem ist, welches ein Raum auslöst, der fünfzehn oder zwanzig Schritte zu seiner Durchquerung erforert.» Hall, S. 65
Eine Enfilade lässt hindurchsehen und von Raum zu Raum gehen. Wohnungen, die einen Rundlauf ermöglichen, lassen das Ende der Bewegung räumlich offen.

Schritte auf Oberflächen.

«Das Schuhwerk und seine ‹raum-schaffende Funktion› sind deshalb interessant, weil das Gehen ein so wesentliches und häufiges ‹Begreifen› von Raum ist. Schuhe als Klangerreger, welche – nicht unähnlich hölzern-harten, mit Leder bezogenen oder mit Filzköpfen versehenen Trommelschlegeln – auf hartem oder weichem Bodenmaterial anschlagen, auf kleinteiligem Pflaster oder auf glatten Granitböden. Schritte als Raum-Auslöser. Schuhwerk als Schlagzeug. Es ist das Gehen in Räumen, das Beschreiten von Räumen, was den Raumklang erst hörbar initiiert.»
Conrads/Leitner, S. 32 f.

Durch Gärten.

Kreuzgänge können Orte meditativen oder denkenden Gehens sein. Trittsteine in Teichen japanischer Gärten veranlassen, auf Schritte bewusst zu konzentrieren.

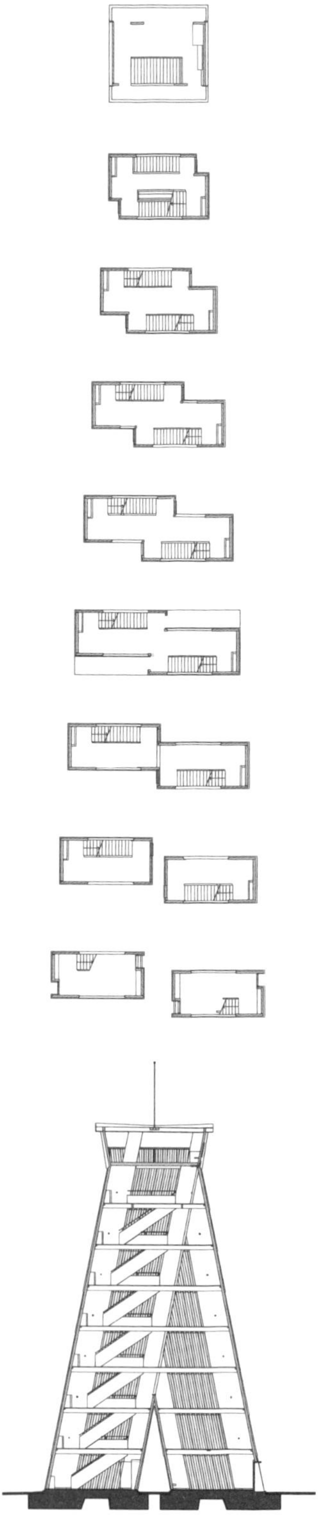

Gion A. Caminada, Tierparkturm, Goldau, Schweiz, 2016. [Abb. 36]

Der Turm ist Teil der Wege durch den Park. Zwei Treppen verbinden Boden, eine mittlere Plattform und die Aussicht ganz oben.

Lois Welzenbacher, Haus Mimi Settari, Briol, Italien, 1923. [Abb. 33,34]

Ein geschwungener Weg führt zum Haus. «Die Mauer führt uns um die Ecke – nicht wir sind es, die beschlossen haben, aus freien Stücken einen rechten Winkel in unser Gehen einzubauen. Wir folgen der Mauer – ihr Verlauf, auch die Beschaffenheit der Mauer bestimmen demnach das Wie unseres Gehens, beeinflussen unser Befinden neben ihr. Wir sind für die Weile, die wir neben ihr gehen, ihren Anmutungen ausgesetzt.» Jäkel, S. 56

«Die verschiedenen Wege, welche die Wohnenden in diesem Haus zurückzulegen haben, kann man sich als beständigen Wechsel zwischen zentrifugalen und zentripetalen Kräften vorstellen, die jedoch immer wieder auf den Mittelpunkt des Hauses zurückbezogen werden.» Jäkel, S. 51

Herzog & de Meuron, Prada Tokyo, Japan, 2003.

Spiegelglatte Böden und weiche Teppiche wechseln sich ab. Die Teppiche – je höher und weicher umso mehr – verlangsamen die Schritte.

Englischer Garten.

«In München kann man im Englischen Garten beobachten, wie die Jogger, die Radfahrer, die Reiter und die Spaziergänger auf ihren Wegen, den Park als Raum durchmessen, einander begegnen. Es ist ein grosses Tableau, ein lebendiges Bild gleichzeitiger Aneignungsbewegungen. Es passiert alles auf einmal und doch für sich, in unterschiedlichem Tempo.» Selle, in: Hauskeller, S. 277 f.

Zeitliche Rhythmen

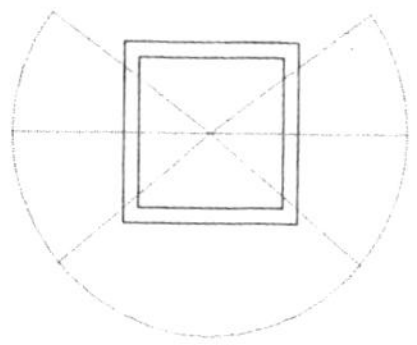

Licht

Licht und Schatten in einem Raum schaffen einen Rahmen für das Wohnen am Tag, Dunkelheit und Stille für das Schlafen.

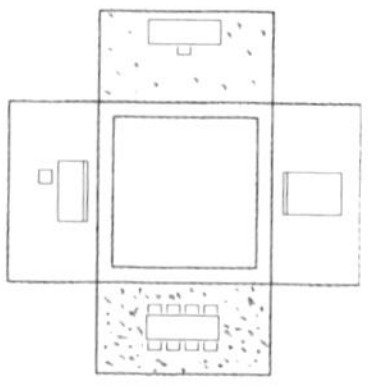

Wohnen im Tagesverlauf

Räume stehen in Beziehung zu Himmelsrichtungen. Wohnen kann mit dem Verlauf des Sonnenlichts verbunden sein.

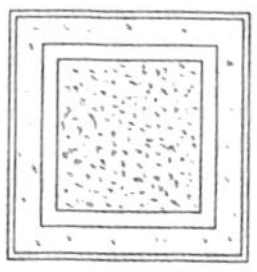

Jahreszeiten in Räumen

Sich-Einrichten kann ein Ändern von Grössen und Materialien im Jahresverlauf beinhalten.

Wir wohnen zwischen Himmel und Erde auf einem um die Sonne und ihre eigene Achse rotierenden Planeten. Daraus ergeben sich die Rhythmen von Jahres- und Tagesverlauf. Der circadiane Rhythmus hat eine Periodenlänge von etwa 24 Stunden und hilft dem Körper, sich in wiederkehrenden Phänomenen einzurichten. Er beeinflusst die Herzfrequenz, den Schlaf-Wach-Rhythmus, den Blutdruck, den Hormonspiegel und die Körpertemperatur. Der bedeutendste Rhythmus und Zeitgeber ist der Wechsel der Lichtintensität der Atmosphäre.

Morgenlicht. [Abb. 40,41]

Aufgehende Sonne (direktes Licht) und Vollmondlicht (reflektiertes Licht) als Helligkeiten früher Morgenstunden zwischen Häusern.

Stephansdom, Wien, Österreich.

Die Kirche ist auf den Sonnenaufgang des 26. Dezember 1137 geostet. Jeden 26. Dezember – am Stephanstag – fallen die ersten Lichtstrahlen der Morgensonne mittig durch den Raum, vom Ostfenster zum Westtor.

Raum und Zeit.

«Schon lange war mir bewusst, dass die Architektur von der Stunde und vom Ereignis bestimmt wird, und es war jene Stunde, die ich vergeblich suchte, weil sie sich mit der Sehnsucht, der Landschaft und dem Sommer verband. Es war die Stunde der Spannung, der mythischen ‹Cinco de la tarde› Sevillas, aber auch die Stunde im Fahrplan der Eisenbahn, das Ende der Lektion, die Dämmerung.» Rossi, S. 149

Licht und Farben.

«Das Motto des Wettbewerbs hiess ‹L'Azzurro del Cielo›, und nun sehe ich diese grossen blauen Dächer aus Blech, die so stark auf die Lichter des Tages und des Abends, aber auch der Jahreszeiten reagieren, dass sie einmal als tiefblau, dann wieder als hellstes Himmelblau erscheinen. Die rosa Wände legen sich über den emilianischen Verputz des alten Friedhofs, und auch sie lassen die Lichter spüren, sodass sie einmal als fast weiss, dann aber wieder als dunkles Rosa erscheinen können.» Rossi, S. 34

Jahreszeiten. [Abb. 42,43]

«Wir sind eingebettet in den Lauf der Welt, wir sind mit dieser Welt verbunden und sogar synchronisiert; der Garten ist jener Ort, wo uns dieses Zeitmass anschaulich und mit erlebbar wird.»
Pöppel, S. 170

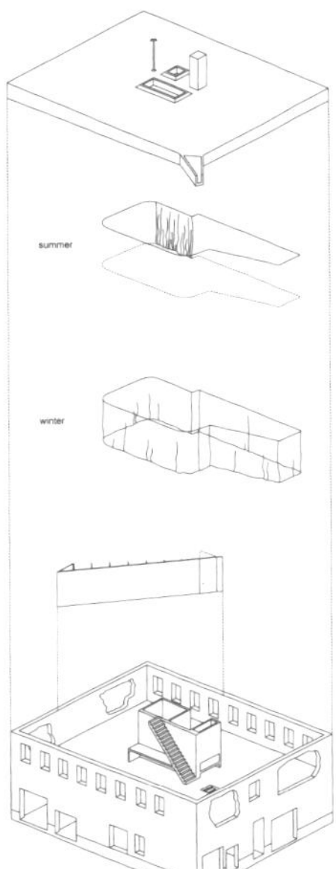

Arno Brandlhuber, Antivilla, Krampnitz, Deutschland, 2015. [Abb. 37,38]

Ein Vorhang teilt den offenen Grundriss: Im Winter entsteht ein Raum um den warmen Kern, im Sommer um den nördlichen Schlafplatz.

Zu Hause.

«Hier kennen wir den täglichen Weg der Sonne, wann sie im Januar und wann sie im Juli in diese oder jene Ecke scheint, von wo und in welches Fenster im Mittsommer die erwünschte Brise um sechs Uhr nachmittags zu wehen beginnt, und bei welcher Wetterlage auf einmal Stechfliegen einschwärmen.»

Neutra, Mensch und Wohnen, S. 21

Gion A. Caminada, Casa Caminada, Fürstenau, Schweiz, 2018. [Abb. 39]

«Architektur schafft innere, äussere und dazwischenliegende Räume, die unterschiedliche Resonanzen als Wechselwirkungen zwischen Lebendigkeiten zulassen. Qualitäten im Wohnen entstehen, wenn es Architekturen gelingt, die Bewohner nicht von den Phänomenen der Natur zu isolieren, sondern eine Beziehung zu ihnen herzustellen. Damit meine ich kein Zurück zu einem klimatisch harten Wohnen. Aber doch ein Wohnen, das über die zeitgenössisch flache Behaglichkeit hinausgeht und unterschiedliche Temperaturen und Helligkeiten, dichte und weniger dichte Räume, dumpfe und hallende Akustik zulässt und darin Qualitäten findet, die dem Bedürfniss unseres Körpers nach ständigem und sich änderndem Austausch mit der Umgebung nachkommt.»

Wittmann, in: werk 7/8, 2018

Sich sicher sein

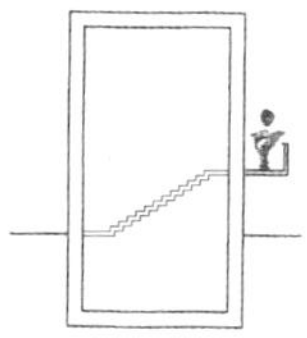

Nicht stürzen

Böden sind mehr oder weniger glatt. Im Verlauf einer Treppe sollte die Steigung gleich bleiben. Geländer und Brüstungen oder horizontale Distanzen schützen vor Höhenunterschieden.

Sich in Räumen orientieren

Strukturen verschiedener Grösse, wechselnde Helligkeiten und Wahrnehmungsreize helfen, sich zu orientieren. Das Wahrnehmen von Raumgrenzen schafft ein Gefühl von Sicherheit.

Wetterschutz

Die Hülle eines Hauses trennt zwischen innen und aussen. Es entstehen innere, äussere und dazwischenliegende Räume – und verschiedene Beziehungen zum Wetter.

Feuer

Damit sich Feuer nicht ausbreiten kann, schützen schwer entflammbare Materialien und Öffnungen mit Feuerwiderstand. Frei stehende Häuser müssen zueinander einen Abstand halten. Innerhalb von Gebäuden schützen Brandabschnitte.
Kurze Wege lassen ein Gebäude schnell verlassen.

Physische Sicherheit ist wahrnehmbar als Zustand, der kein körperliches Risiko vermuten lässt. Häuser kommen primär dem Bedürfnis nach Schutz nach. Darüberhinaus kann Geborgenheit entstehen.

Carlo Scarpa, Fondazione Querini Stampalia, Venedig, Italien, 1963. [Abb. 46,47]

Erdgeschoss und Garten des Bibliothekgebäudes erlauben, dass Hochwasser in die Räumen tritt. Sockel und Rinnen im Boden schützen das Haus. Stufen und erhöhte Wege lassen Menschen auf trockenen Füssen durch das Haus gelangen.

Sakralbauten.

«Vor allem schirm den Zugang zur [heiligen] Stätte ab, sodass sie nur zu Fuss erreichbar ist, und zwar durch eine Reihe von Toren und Schwellen, die sie allmählich enthüllen.»

Alexander, S. 142

Valerio Olgiati, Villa Além, Briol, Portugal, 2014. [Abb. 48]

«In unserem Haus haben die Schlafräume [...] keinen Blickbezug nach aussen und die Zimmer erhalten nur Licht von oben. Der Eindruck, unterirdisch zu sein, vermittelt ein starkes Schutzgefühl [...]. Der Weg dorthin durch den halbkreisförmigen, nur von oben beleuchteten Flur desorientiert. Dadurch empfindet man die Schlafräume als abgelegen von anderen Räumen des Hauses und als weit entfernt von der äusseren Umgebung.»

Olgiati, in: archithese 4, 2015, S. 38

Jaeger Koechlin, Haus Friedli, Bern, Schweiz, 2017. [Abb. 49]

Das Dach schafft einen regengeschützten Aussenraum, der wiederum auskragt und einen Sitzplatz im Garten überdeckt. Geländer sichern Höhendifferenzen. Läden werden nachts geschlossen.

Momentum.

«So wie Fanny früher den Kopf auf die Tischplatte hatte fallen lassen wollen, so hatte sie nun das Gefühl, zu Boden zu sinken. Sie stand an der Kante und schwankte, als werde sie im nächsten Augenblick nach hinten kippen [...].»

Freudenthaler, S. 67

Ernst Gisel, Blaues Atelier, Zürich, Schweiz, 1973. [Abb. 44]

«Das Blaue Atelier liegt versteckt in der südlichen Ecke der annähernd quadratischen Parzelle [...]. Die Zurückgezogenheit des Atelierhauses wird noch unterstrichen durch den ummauerten Hof, der es von der Zufahrtsstrasse her abschirmt, und die im Hintergrund aufragende grobverputzte, blau gestrichene Stirnwand, die im Obergeschoss beinahe gänzlich geschlossen ist.»

Maurer/Oechselin, S. 194

Peter Zumthor, Klangkörper, Expo Hannover, Deutschland, 2000.

«Das Innere des Klangkörpers wirkt auf den ersten Blick labyrinthähnlich. Aufgebaut in Form einer gewebeartigen Struktur, fehlen durchgehende Gassen oder Korridore, klassische Elemente der architektonischen Orientierung in einem Gebäude. So gibt es keine festgelegte Wegführung, man schlendert durch die Passagen und Höfe, sucht sich seinen eigenen Weg wie im Wald. Zum richtigen Irrgarten fehlen dem Klangkörper aber das Merkmal der scheinbar ausweglosen Anlage und ein Zentrum. Denn mit der Ausnahme an vier Stellen, nur wenige Quadratmeter gross, sieht man von jedem Punkt im Inneren des Pavillons direkt nach draussen.» Hönig, S. 147 f.

Gehen.

Gemauerte Treppen, Treppen mit Setzstufen oder Untertritte mit mehr Trittfläche beim Hinaufgehen, griffige Böden, ein Gehweg mit einer gewissen Höhendifferenz zur Strasse – all das kann dem Gehen Sicherheit geben.

Hans Döllgast, Alter Südfriedhof, München, Deutschland, 1954. [Abb. 45]

Feine Stahlstützen tragen das neue Dach, das einen regengeschützten Aussenraum entstehen lässt.

Bildnachweis

Atmen

1	Musikverein Wien
2	Lucia Degonda
3, 4	© Pieter Lozie
5	Franziska Wittmann

Von Temperaturen umgeben

6	Freifrau Sitzmöbelmanufaktur
7	Franziska Wittmann
8	Hanna Kohler
9	© Archive Olgiati
10	Gion A. Caminada

Berührungen

11	Åke E:son Lindman
12	Museum Boijmans Van Beuningen
13	Åke E:son Lindman
14	Klemens Grund
15	Bonaldo
16	Franziska Wittmann

Sehen von Flächen im Licht

17	Gion A. Caminada
18	© Barragan Foundation / 2019, ProLitteris, Zurich
19	Silvan Blumenthal
20, 21	Hisao Suzuki
22	© Vanni Archive / Art Resource, NY

Hören in Formen und Materialien

23	© Michael Zapf
24	© Christian Vogt
25	© Herzog & de Meuron
26	Franziska Wittmann

Körper und Grössen

27	Atelier Peter Zumthor
28	Franziska Wittmann
29	Das neue Frankfurt, 5/1926-27
30	Franziska Wittmann

Im Gleichgewicht

31	Gion A. Caminada
32	Franziska Wittmann

In Bewegung

33, 34	Albertina, Wien
35	© Iwan Baan
36	Gion A. Caminada

Zeitliche Rhythmen

37	Arno Brandlhuber
38	Erica Overmeer
39	Gaudenz Danuser
40-43	Franziska Wittmann

Sich sicher sein

44-47	Franziska Wittmann
48	© Archive Olgiati
49	Ben Koechlin, Roman Keller

Literatur

Abel, Alexandra / Rudolf, Bernd: Architektur wahrnehmen, Bielefeld 2018.

Alberti, Leon Battista: Zehn Bücher über die Baukunst, hrsg. von Max Theuer, Wien/Leipzig 1912.

Alexander, Christopher et al.: Eine Muster-Sprache, hrsg. von Hermann Czech, Wien 1995.

Anzieu, Didier: Das Haut-Ich, Frankfurt a.M. 1991.

Arnheim, Rudolf: Die Dynamik der architektonischen Form, Köln 1980.

Bachelard, Gaston: Poetik des Raumes, München 1960.

Benjamin, Walter: Über Städte und Architekturen, hrsg. von Detlev Schöttker, Berlin 2017.

Blaser, Werner: Peter Zumthor Klangkörper Schweiz Expo 2000 Hannover, Konzept für den Schweizer Pavillon, Füllinsdorf 1999.

Blesser, Barry / Salter, Linda-Ruth: spaces speak, are you listening?, Cambridge/London 2007.

Bollnow, Otto Friedrich: Mensch und Raum, Würzburg 2011.

Brandes, Ralf / Lang, Florian / Schmidt, Robert F. (Hrsg.): Physiologie des Menschen, Berlin 2019.

Bürgin, Matthias / Maag, Trond: Klang vor Ort, in: Stadtklang, Zürich 2016.

Conrads, Ulrich / Leitner, Bernhard: Der hörbare Raum, in: Daidalos 17, 1985.

Corbin, Alain: Pesthauch und Blütenduft. Eine Geschichte des Geruchs, Berlin 1984.

Crawford, Matthew B.: Die Wiedergewinnung des Wirklichen, Berlin 2016.

Crunelle, Marc: Geruchssinn und Architektur, in: Kunst- und Ausstellungshalle der Bundesrepublik Deutschland GmbH (Hrsg.): Das Riechen. Von Nasen, Düften und Gestank, Göttingen 1995.

Day, Christopher: Bauen für die Seele, Freiburg 1996.

Eberle, Dietmar / Aicher, Florian: Die Temperatur der Architektur, Basel 2016.

Eickhoff, Hajo: Himmelsthron und Schaukelstuhl. Die Geschichte des Sitzens, München 1993.

Eliade, Mircea: Das Heilige und das Profane, Frankfurt a.M. 1985.

Énard, Mathias: Erzähl ihnen von Schlachten, Königen und Elefanten, Berlin 2011.

Franck, Georg / Franck, Dorothea: Architektonische Qualität, München 2008.

Frank, Irmgard (Hrsg.): Raum_atmosphärische Informationen, Zürich 2015.

Frank, Irmgard: Raum und Geruch, in: Spatial Expeditions, GAM architecture magazine 13, 2017.

Freudenthaler, Laura: Die Königin schweigt, Wien 2017.

Gantenbein, Köbi / Rodewald, Raimund: Arkadien, Landschaften poetisch gestalten, Zürich 2016.

Gerber, Andri / Joanelly, Tibor / Franck, Oya Atalay: Proportionen und Wahrnehmung in Architektur und Städtebau, Berlin 2017.

Gibson, James J.: Die Sinne und der Prozess der Wahrnehmung, Bern 1973.

Girot, Christophe (Hrsg.): Mensch und Baum, Zürich 2013.

Grandjean, Etienne: Wohnphysiologie. Grundlagen gesunden Wohnens, Zürich 1973.

Hall, Edward T.: Die Sprache des Raumes, Düsseldorf 1976.

Hauskeller, Michael (Hrsg.): Die Kunst der Wahrnehmung. Beiträge zu einer Philosophie der sinnlichen Erkenntnis, Zug 2003.

Holmsted Olesen, Christian: Wegner – just one good chair, Ostfildern 2014.

Hönig, Roderick (Hrsg.): Klangkörperbuch, Basel 2000.

Jäkel, Angelika: Gestik des Raumes. Zur leiblichen Kommunikation zwischen Benutzer und Raum in der Architektur, Berlin 2013.

Jütte, Robert. Geschichte der Sinne, München 2000.

Kruse, Lenelis: Räumliche Umwelt, Berlin 1974.

Kükelhaus, Hugo: Fassen, fühlen, bilden, Organerfahrungen im Umgang mit Phänomenen, Köln 1975.

Le Corbusier: Ausblick auf eine Architektur, Basel 2001.

Mack, Gerhard: Herzog & de Meuron. Das Gesamtwerk, Basel 2013.

McLuhan, Marshall / Powers, Bruce R.: Visueller und akustischer Raum, in: Günzel, Stephan (Hrsg.): Texte zur Theorie des Raums, Stuttgart 2013.

Maurer, Bruno / Oechslin, Werner (Hrsg.): Ernst Gisel Architekt, Zürich 2010.

Meisenheimer, Wolfgang: Das Denken des Leibes und der architektonische Raum, Köln 2004.

Merleau-Ponty, Maurice: Phänomenologie der Wahrnehmung, Berlin 1965.

Metzger, Christoph: Architektur und Resonanz, Berlin 2015.

Meyer, Jürgen: Kirchenakustik, Frankfurt a.M. 2003.

Neuenschwander, Eduard: Architektur als Umwelt, Zürich 2013.

Neutra, Richard und Dion: Bauen und die Sinneswelt, 2., erweiterte Auflage, Berlin/Hamburg 1980.

Neutra, Richard: Mensch und Wohnen, 2. Auflage, Stuttgart 1957.

Olgiati, Valerio, (mit Himmelreich, Jorg und Wiegelmann, Andrea): Auf der Suche nach nicht-referenzieller Architektur, in: archithese 4, 2015.

Olgiati Valerio / Breitschmid, Markus: Nicht-Referentielle Architektur, Basel 2018.

Palladio, Andrea: Die vier Bücher zur Architektur, hrsg. von Andreas Beyer und Ulrich Schütte, Basel 1995.

Pallasmaa, Juhani: Die Augen der Haut, Architektur und die Sinne, Los Angeles 2012.

Pauly, Danièle: Barragan, Raum und Schatten, Mauer und Farbe, Basel 2002.

Pöppel, Ernst: Der Rahmen. Ein Blick des Gehirns auf unser Ich, München/Wien 2006.

Rahm, Philippe / Décosterd, Jean-Gilles: Décosterd & Rahm. Physiologische Architektur, Basel 2002.

Rasmussen, Steen Eiler: Experiencing Architecture, London 1959.

Rosa, Hartmut: Resonanz. Eine Soziologie der Weltbeziehung, Berlin 2016.

Rossi, Aldo: Wissenschaftliche Selbstbiographie, Zürich 2015.

Rybczynski, Witold: Wohnen. Über den Verlust der Behaglichkeit, München 1987.

Schlorhofer, Bettina (Hrsg.): Cul zuffel e l'aura dado, Gion A. Caminada, Luzern 2005.

Schmarsow, August: Das Wesen der architektonischen Schöpfung, in: Moravánszky, Akos: Architekturtheorie im 20. Jahrhundert, Wien 2003, S. 153 ff.

Schmitz, Hermann: Der Leib, der Raum und die Gefühle, Bielefeld 2015.

Schönhammer, Rainer: Einführung in die Wahrnehmungspsychologie. Sinne, Körper, Bewegung, Wien 2009.

Selle, Gert: Die eigenen vier Wände. Zur verborgenen Geschichte des Wohnens, Frankfurt a.M. 1993.

Sennett, Richard: Fleisch und Stein, Berlin 1995.

Sonderegger, Christina: Der Stadttraum vom Berghaus. Chasa Crestas in Vignogn im Lugnez von Gion A. Caminada, in: tec21 44, 2002.

Straus, Erwin: Vom Sinn der Sinne, Berlin 1956.

Sturm, Ulrike / Bürgin, Matthias: Stadtklang, Zürich 2016.

Tanizaki Jun'ichiro: Lob des Schattens, Zürich 1987.

Taut, Bruno: Das japanische Haus und sein Leben, hrsg. von Manfred Speidel, Berlin 1997.

Vitruv: Zehn Bücher über Architektur, hrsg. von Curt Fensterbusch, Darmstadt 1964.

Wagner, Anselm / Eckhard, Petra et al.: Spatial Expeditions, GAM Magazine 13, 2017.

Waldenfels, Bernhard: Sinnesschwellen, Frankfurt a.M. 1999.

Wansch, Franz: Wohnen mit Körper, Geist und Seele, Reinbek 1989.

Wittmann, Franziska: Leistungen der Architektur, Luzern 2017.

Wittmann, Franziska: Resonanz der Architektur, in: werk 7/8, 2018.

Zumthor, Peter: Architektur denken, Basel 2006.

Zumthor, Peter: Atmosphären, Basel 2006.

Zumthor, Peter: Peter Zumthor 1985-2013, hrsg. von Thomas Durisch, Zürich 2014.

Biographien

Gion A. Caminada ist Architekt in Vrin und Professor für Architektur und Entwurf an der ETH Zürich.

Franziska Wittmann, geb. 1985, ist Architektin und Mitarbeiterin an der Professur Gion A. Caminada. Sie studierte Architektur in München und Zürich nach einer Ausbildung in Tanz und Choreographie in Salzburg. Ihrer Arbeit liegt die Vermutung zu Grunde, durch den bewussten Umgang mit physikalischen Naturgesetzlichkeiten und physiologischen Themen sinnliche Qualitäten im Bewohnen von Räumen zu schaffen. «Menschsein» im Raum, Wohnen, wird zunächst als ein Sich-Einrichten im Aufeinandertreffen von Physik und Physiologie verstanden.

Dank

Besonders danken möchte ich Silvan Blumenthal, Gion A. Caminada, Stefanie und Ariel Koechlin, Lorenz Jaisli, Gisela Monot und Sebastian Schemm.

Für finanzielle Unterstützung geht mein Dank an das Departement Architektur der ETH Zürich.